AF607215

REVELACIONES

ALEJANDRA MARTÍNEZ DE MIGUEL

REVELACIONES

I Premio Joven de Poesía Jaime Gil de Biedma

VISOR LIBROS

VOLUMEN MCCLXXXV DE LA COLECCIÓN VISOR DE POESÍA

Un jurado compuesto por Carlos Aganzo, Luis M. Ansón, Antonio Colinas, Asunción Escribano, Jesús García Sánchez, Fermín Herrero, Antonia de Isabel Estrada, Raquel Lanseros y Juan Manuel de Prada, presidido por Miguel Ángel de Vicente y actuando como secretario Santiago Gómez Moreno, otorgó a este libro el I Premio Joven de Poesía Jaime Gil de Biedma que concede la Diputación de Segovia.

Cubierta: Guido Reni. *Santa Catalina de Alejandría*

Isaac Peral, 18 - 28015 Madrid
www.visor-libros.com

ISBN: 979-13-87745-85-1
Depósito Legal: M-22809-2025

Impreso en España - Printed in Spain
Gráficas Muriel. C/ Investigación, n.º 9. P. I. Los Olivos - 28906 Getafe (Madrid)

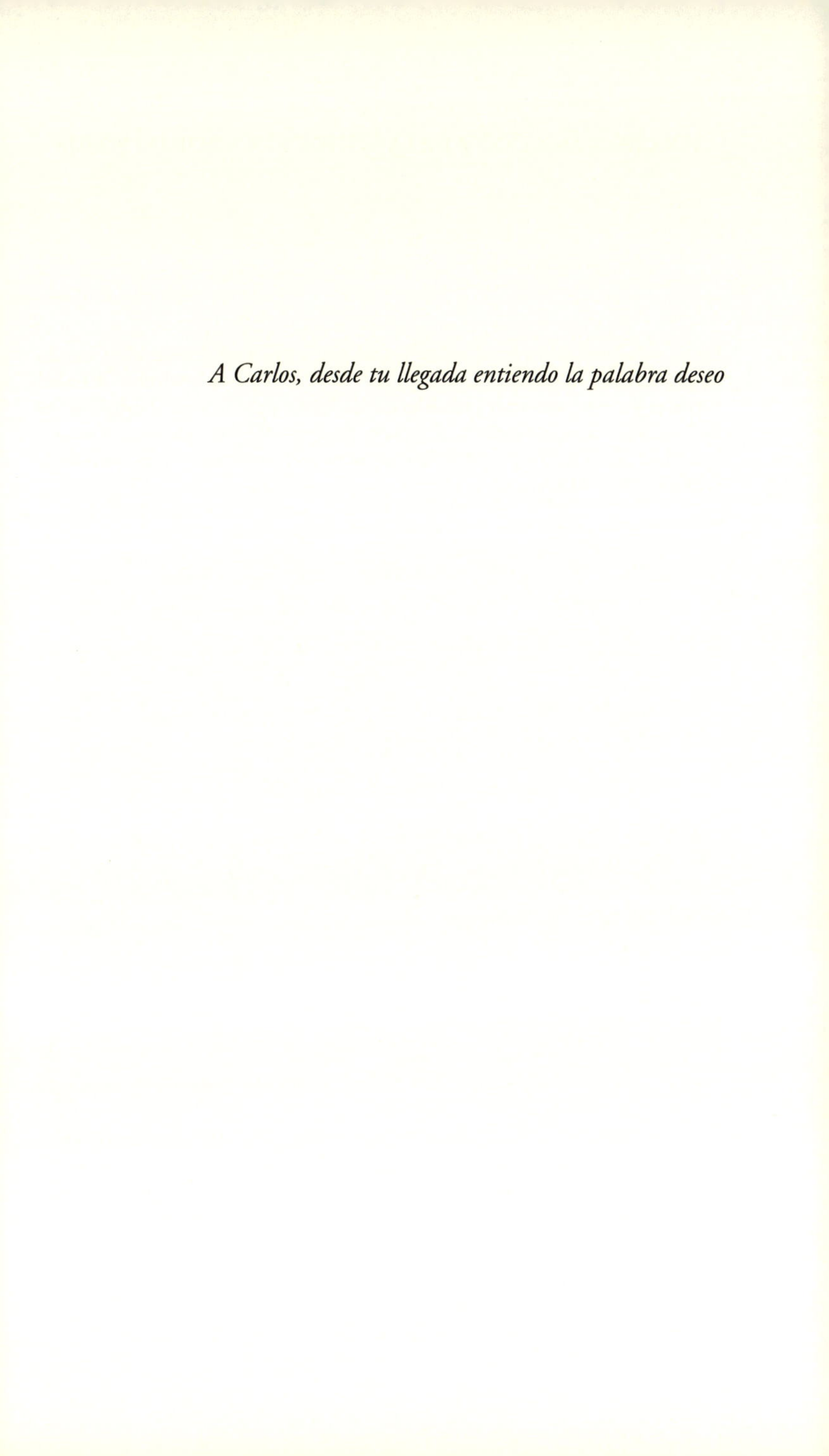

A Carlos, desde tu llegada entiendo la palabra deseo

¿Te das cuenta de lo que hemos vislumbrado?
Un continente, un planeta, un mundo, y cuando
apenas comenzamos a vivir, ¿tendría que renunciar a
ello, a todo lo que de pronto está ahí, increíble, para
volver a la vida de antes y no volverte a ver? ¿Renunciar
a sentir tu olor, a aprender a hacer el amor contigo,
renunciar a tu cuerpo apenas descubierto? Es imposible.

WAJDI MOUAWAD. *Bosques*

Que tu cuerpo sea siempre un
amado espacio de revelaciones.

ALEJANDRA PIZARNIK

MAGIA POTAGIA

¡Cuida bien tus deseos,
tú que vienes a oírme,
no sea que se cumplan!

CHANTAL MAILLARD

LA ETERNIDAD

ayer tarde dormías
tu pecho se movía
tu cuello vibraba
dos corazones —casi pulpo—

hechicé tu respirar
tu olor a recién puesto en el mundo

pedí tu deseo
no supe si sería el mismo que el mío
no importó

pedí por tu cuerpo
el mío descansó en paz

paz extraña para tratarse de conjuros

como sabia maga bruja niña matriarca que soy
se me concede la magia
tengo ramilletes de flores
guardo mi pelo largo en cajones

crucé mis dedos en tu pecho
quise pedir que enloquecieras
más
        no lo hice

pedí lo que tú pedirías a los niños que aún no nos nacen
también un capricho:
que esos ojos se abran cada día y me elijan

elegir   cada día   el mismo amor

y que el hechizo, como Dickinson,
se actualice – para durar
por lo menos – la eternidad –

LA CADENA

llevo un emblema agarrado al cuello
te acercas a mis huesos
la agarras
pesa

mi familia me pesa
antes
un libro antes
le dije a otro amor que me dolía
desde que estoy contigo me quito la cadena

pienso en profecías
un hijo un hombre espadas

sé ubicarlo en mi centro
solo tengo que escribir

agarras la cadena
siento el cuello más ligero
desde que la desatas con mimo para hacerme el amor

desde tu llegada
entiendo el peso de las cosas

siempre nos amamos así
despojando las pocas joyas el reloj
                los adornos
solo piel
nos quedamos con lo primero

agárrame el cuello desnudo
formemos una familia
una
donde no pesen los emblemas

tira la cadena al mar
átame tu pelo al tórax

MI CUERPO EN UNA BAÑERA, ESCRIBO, LA POCIÓN SE HACE SOLA

en el cuaderno
flor de azahar seca
marzo de otro año
avenida *Kansas city* dentro de una bañera

un cuento donde las mujeres
        poetas
hacen hechizos para quitarse de en medio
la voz de alguien a lo lejos ya avisa   *estás a tiempo*
de qué

escribo haciéndome preguntas
escucho la misma canción doce veces
meto la cabeza en la bañera
dejo de escuchar
lo más lejos de la vida

si sigo escribiendo con este llanto desarraigado
me preguntará la mujer del ave
estás bien

tendré que mentir

huele a naranjos
podría usted no mirar
tan solo darme las gracias

EL ESCUDO

sillas de mimbre en puertas
patios de verano
huele a nuestras bocas por dentro
un hombre
tú

Alejandra, la matriarca
Alejandra, el escudo
Alejandra, el océano

vengo con esto
el hombre da un paso
teje clavelinas en los volantes de la falda de nuestra hija
la que no ha nacido
pero tiene nombre

ya solo puedo escribir el cómo te contemplo

Llegan
como embrujos de niñas pequeñas

Leo mis textos como si fueran profecías
—no juzgo, observo—

Cualquier cosa que no sea este amor o esta poesía son inventos de viejas

Inventona
que eres una inventona
una niña vieja

MAGIA POTAGIA

yo quería
haber sido no monógama que funcionase
follar con cualquiera que funcionase
tener hijos con quien no deseaba tenerlos conmigo

fuimos aquel poema que me gusta de Iribarren:
ese par de enamorados
que, como todos, también
se iban a amar toda la vida sin que funcionase

ahora escribo poemas de amor
y funcionan:

es
magia potagia

MISTICISMOS DE NIÑAS DE CIUDAD

lagos brujas hadas y serpientes

magia negra de chicas pequeñas
cuerpos de lagartijas y lenguas de pececitos

muerdo una flor y me la trago
glup
al agua
los deseos al agua

sé abrir el coño más más más
me corto el pelo más más más
cabe un boniato grande
en el caldero ¡no hay caldero!
entran tus manos tu lengua tu culo

hazme un nudo aquí
¡aquí!
en el pecho

en la piscina ¡hay piscina!
paren mujeres peligrosas
soportar dolor es peligroso
escribo con la boca llena

¿puedo eyacular en la copa si quieres?

se lee así
dudando

un brindis
                ¡vivan los novios!
bebe de la copa
bébetelo todo
                ¡novios a la higuera!
me los como
ñam
pide un deseo

llévame siempre dentro
traga todos mis huesos

he aquí la primera revelación
en soledad soy un ser extraño
mitad muñeca mitad lagarto

solo quiero que te quedes
aquí
un ratito
              mirando

SER MIRADA

Deseo de ser mirada
y, al ser mirada, poder
verlo ya todo.

CARMEN PALOMO PINEL

Supongo que tampoco habrá
sido fácil vivir conmigo.

DIANE DI PRIMA

Existe el mar. Desde ahí todo son posibles.

¿Dónde estás cuando necesito que me acaricien
el nacimiento del pelo?

EL HECHIZO SE EXPANDE

si fuera una buena poeta sabría como escribir este amor

sin embargo
cara de niña pies fríos dolor al tragar tensión articular
    ganas de acurrucarme

la poesía merece otra cosa

llegas
        ya solo puedo mirarte

Tú preguntas con atino

Juegas a ver cómo equilibrar eso que necesito
con lo que tu cuerpo espera
no me olvido —tú también esperas algo—

Lloro para que te quedes

MI DOLOR OCUPA TODA LA CASA

Pero tú me abres el hogar de los hallazgos,
me invitas a descubrirme.

REINIEL PÉREZ VENTURA

en esta cocina ya me lo han dicho dos veces

una mesa camilla te espero debajo sin calentito
es verano
el mantel cuelga
cuidado con el coscorrón

encima cristal redondo
fotos de gente que desearía matarme
dentro un papel pegado a la madera
dicta: aquí guardan los secretos
cuéntame el tuyo
el mío no puedo
lo siento no puedo

cómo se hace
cómo se hace digo
cuidarte

hacer sitio debajo de la mesa
dejarte hueco

¡que me lo cuentes!
como niña enrabietada no respeto a nada a nadie ni
    al otro

Alejandra ocupa un mundo
mis amigos se callan cuando hablo
pones límites
me acorralas

lo confieso

quédate debajo de la mesa   o escribo o enloquezco

la segunda revelación es
que mientras me miras pienso en mi cara
tiro de cámara a la protagonista

todos mis exnovios solo existían al otro lado
fuera del plano
enloquecer o ser mirada
dejar de ser la niña
¡cerrad la ventana que me tiro!

en mitad de mi estómago pusimos la escalera
ahora   ¿a dónde llega?

mi amor
¿te arrepientes de haberte enamorado de una loca?
flor delicada

calor de chimenea
dejas de mirarla y se muere

me salgo del mantel
te observo bien
como tú

imagen partida
somos dos

tu verdad es tan grande como la mía

DIME COSAS COSAS BONITAS

la niña se está tirando de cabeza a la piscina

el padre se ha perdido el salto
la madre no está
otra vez, papá, lo hago otra vez
es un cuento corto de lectura de verano

aprietas la mano en el papel por eso tienes un callo
dedos con callos
dedos arrugados de piscina
        otra vez
parece caligrafía china médica
ha llegado una médica
en la receta pone: mírame
que me mires
es la única intención

por qué si no   por qué si   no
                   iba a tirarme a la piscina

quiéreme de esta manera
con estos dedos
son   las catorce horas que llevas sin verme
por qué no estás aquí

en el bordillo de la piscina
cancela tu agenda arráncate los ojos

mírame
solo
a mí

ponte eso que le ponen los caballos
acota tu mirada
mira de frente
anteojeras de humanos

a dónde vas
aquí aquí
papá   mi amor   tú
mírame
aquí
      que salto

SE ME OLVIDA

echo mucha leche
y se me olvida

me gusta el café que sabe a café
los ojos tardan en abrirme un par de horas

se me olvida
escribir y dormir vestida
luego solo frío cuadernos vacíos

se me olvida que existes
como yo
en la cama en la casa en el espacio

me enfado porque dejé de mirar y al darme
cuenta
tú tampoco estabas ya mirando

se me olvida cómo ser buena hija
se me olvidan las gafas en cualquier sitio
y no veo no veo   no puedo encontrarlas así

se me olvida casi todo
se me olvida cómo amar

miento

no me olvido que la escritura
es el lugar de los posibles

Me hablas como a una nena

mi mi mi mi mi

Babytalking para saber que, aunque no me mires,
vuelves a
mi mi mi mi mi

En cuarenta minutos me tocará explicarte
que lo único que me pasaba
es que cuando no me haces caso
me muero

niña maldita caprichosa que berrea en el suelo del centro
comercial

LA CENA

no vienes a cenar *no necesito nada* porque necesito que
vengas
que vengas y me quieras como cuando tenía diez años
eso cómo se pide
cómo se pide el amor en un WhatsApp *si es que esta niña*
pide mucho

* * *

pelo húmedo ducha antes de cenar
tengo diez años
hay croquetas mamá dice *para ti las tostaditas*
se deshacen en la boca cuento las que hay, como cinco,
seis
para ya hay que dejarle a tu padre
llega papá y besa a mamá en la boca
nos dejan ver la tele un rato pelo mojado pijama blanco
secador de baño pared de corcho cuerpo de niña

llego a la cama cuento un secreto

puede que sí me estuviesen mirando

MÍRAME PROMÉTEME

mírame prométeme
todo lo que al fin deseo
no imposibles   capaces

mírame alíviame
dime que soy el amor de tu vida
ponte enfermo déjame cuidarte

dime que nuestros hijos llorarán al leernos
que el amor existe y crece
como tus uñas como mi pelo

mírame invítame
a la escritura a la ternura a lo sucio de tu cuerpo

mírame amor

dime que puedo
coger aire   mirarte

confiar en nuestro amor como en las cosas innegables

Dos niños jugando a un serio *cuidado que pierdes*

Así hasta el agotamiento, el cerrar de ojos o la muerte
Quien se mueve pierde
besar follar tocar dejar de mirar Pierdes

FUIMOS A UN TEATRO A VER MAGIA

nunca me había fijado en esta parte de tu cuerpo

me tocas el tobillo cómo miro el mar   descubriendo

cada vez que me miras
entiendo que la magia sí está en el teatro
en la puerta de atrás de aquel
donde te dije que entrases a esperarme
mientras recogía la escenografía

TERCERA REVELACIÓN

si no me miras, desaparezco
es cierto

muto en diablo pequeñito
lloro piscinas
ahogo pequeños seres
destruyo el amor

hay que estar curada para amar
    miento
hay que estar acompañada para amar

si no me miras
al rato recuerdo que puedo mirarme yo

más tarde
    te veo

APRENDÍ A ENCENDER UNA CHIMENEA

vivo atrapada mirando al fuego
he de mantenerlo
esta hoguera es como yo
todo el rato requiere cuidados mimos recoloques
volver a encenderlo

voy lenta
admiro mi fuego

me gusta la mujer que aparece en mis poemas

la revelación es
descubrirse a una misma leyendo lo que escribe

GUARRERÍAS

Tú me das fiebre
y la fiebre —dicen—
es el único modo que tiene
el cuerpo de avisarnos.

Yasmín C. Moreno

Soñé que me raptaban.
Eso significa que sabía
lo que era el amor.

Louise Glück

Nunca follamos tan bien como cuando dejé de culparme
por estar enferma.

Hay hechizos por toda la casa
Sobretodo cuando me miras o estás dentro de mí
o ambas.

SI USO EL PANTALÓN DEL PIJAMA SIN BRAGAS LUEGO

apesta a coño
aseguras comerte mi coño así
      delicias varias

de nada sirve
estar enamorada sin saber escribir de ello

dúchate, niña guarra
usa bragas de algodón

disfrutar quisiera
sin hedor de coño
      tu saliva ahí

coños bonitos en cambio
imagino que te conformas
con una poeta mediocre
y un coño sucio

amar quisiera
como tú amas lo sucio

mi cuerpo   sí
lo que escribo

CONSENTIDA

llegué a la cama y follamos como niñas que se aman
que se cuidan estando enfermas
desviando obviando el lenguaje

líquido manos gruñidos mimo animal

la palabra para después
lo físico al servicio del consenso

follamos como guarros
mi culo tu lengua me rozo me meo
follamos como nenas
te peino me salivas me acaricias un masaje

comienzas a comerme
me hueles
entras en mí sin que suelte el bolígrafo

no me azotas por mala
me azotas
por consentida

más

EL RITO

suplicas mi líquido encima
cambiaremos las sábanas después

sucio guarro húmedo sudado
un miércoles a la hora de comer

al agua
los embrujos al agua

te concedo los honores

celebramos el bautizo que no tienes
saco la lengua
me acerco a la pila
te digo *aquí no*

«(NO VA SOBRE MÍ)»

(Esto es ficción y no va sobre ti).

Svetlana Cârstean

me corto los pelos del coño con tijera
veo porno raro raro   no me atrevo a especificar
hogueras perros tijeras pulpos dibujados videojuegos
no me excito   experimento

de niña me frotaba con cruces
lo turbio se perdona en esa casa
coños de viejas adultas peludas flujo en bragas usadas
      yo

fumo y me toco para que lo veas
una teta roza un coño
ahí   me corro

escribo a mi ex para ver qué siente de mi viaje a
   Latinoamérica
me preocupo por él soy una buena chica
quiero follar con mis amigas
que mi novio me meta cosas grandes pagando por
   hacerlo

no escribo mucho
porque   qué asco hacerlo así
qué vergüenza qué asco hacerlo
así

así   tal y como tú me amas

TE AHOGO CON EL LÍQUIDO QUE

pis secreción squirt muerte líquida suerte líquida *sssssssshh*
vampiros fluidos ancestrales agua de cocción fría
hazlo bajito   así pequeña   así

te ahogo
regurgitas pajarito
qué rico

leo a autoras que mencionan la polla de sus amantes
– antes no entendía – como tú – aquí

tienes la boca llena de agua
no me hagas reír
en la cascada se bañan sirenas
un dos tres   encima

mi muñeca es más fina
no me cabe en la boca
pero mira ahora
mira
qué bien escribo con ella

Voy a empezar a pedir deseos a tu boca
a la saliva de antes de rozar mi vulva
a lo que brota húmedo de ti   y luego restriegas por mi
    cara

EN CONMEMORACIÓN NUESTRA

me dejas irme de la habitación como la leona deja
escapar a la cebra

átame a la cama

hoy no anteayer
mi coño rozaba tu culo
tu lengua entraba en mi culo
¡esa chica ha dicho culo!
somos niños que descubren el culo
niños guarros que quieren meterse todo lo que
encuentran en la boca
pero en el culo

dame de comer

tendría que pasarte los *tapes*
el safari en África la luna de miel de los ricos
en nuestra cama
tú la leona, a cuatro

mi amor
méteme la polla hasta el fondo
hazme bebés mamíferos que lloren por alimento

entonces cogerás mi leche como yo la tuya
la pondrás en su boca
y diremos

haced esto en conmemoración nuestra

Estás enferma
lo siento halago
no insulto

tan enferma, mi amor

follamos con versos antiguos que escribí a otros hombres
    sin saberlo

eres demasiado guapo como para no dejarte jugar
    conmigo

me llega el hedor a coño mientras escribo

siempre quise que volvieras a besarme
llevaba tiempo esperando este amor

desde tu llegada   todo son revelaciones

LO COTIDIANO

Y no sabemos ya si empezamos
a amar por la costumbre o por
la novedad de los milagros.

ROSA BERBEL

Qué importa que hubiera otras
personas a quien amar.

ANNE CARSON

Una escribe para que al leerla digan *era esto* o para que no la descubran jamás.

Entiendo a cada escritora que he leído. Imposible escribir de algo que no sea este amor.

Abre la boca, mi amor, me voy a quedar a vivir ahí
dentro
Te quiero como para ponerme a saltar en una cama
elástica

así

Vivir estando enamorada es no querer vivir de otra forma

LEO EN LA CAMA MIENTRAS TE VISTES

tu cabello mojado
las sombras del sol en tu piel

leo poemas de Cârstean
tú me lames la boca
como animal que protege y se despide

me quedo en la cama sabiendo
que más tarde escribiría este poema

TINA TURNER

anoche
helada en la calle mayor de un pueblo riojano
        solo dos animalitos miedosos
sollozando al teléfono
al medio día hacíamos el amor
más tarde un café al sol
dolores estomacales
        nada nuevo
luego rabiosos follando
buscas ahora un estribillo de fondo
—imposible seguir escribiendo—

te miro
con esa cara que tienes al cantar
recuerdo cómo bailábamos Tina Turner en el salón

POEMAS ÉPICOS

leo *Un amor español*
pones *Camina* de OT
me quitas mi lado del sofá
me explicas cómo se componen las canciones épicas
intento lo mismo con la escritura

reescribo como pacto de caballeros
te pareces a la tía / esa que recita
me acaricias el nacimiento del pelo buscando lo primero
la raíz

que no se me olvide que no se me olvide que no se me
olvide
no se te va olvidar, lo verás en la cara de nuestros hijos

¿te parece esto un poema épico?

CAEN ORUGAS DE LOS ÁRBOLES

me siento cómo de niña me prohibían
eso no es bueno para las rodillas
monto en bici rápido
huir, fugarme
siento el frío a sabiendas
como salir de un baño
pinos como estalactitas
un verano en abril
nos inventamos el domingo
desde casa se escucha el mar
atento
¿lo escuchas?
coches como olas
pintas edificios
escribo por costumbre
un juego largo

el amor es un juego largo

HAZME GORGORITOS

estoy maldita
me duchas delicado
me enjabonas el pelo
te tumbas en mi lado de la cama
estás triste
no tengo energía para ello
necesito yo de ti
nos atrevemos a querernos así

soñamos con un salón grande
luego ocupamos apenas dos metros cuadrados
nos solapamos
más cerca ven más cerca
vamos a cantar juntos
no, ahora no, que no tengo voz
digo en unos días
cuando vuelva la energía y se te quite la pena

ámame así
maldita

sácame la lengua
hazme gorgoritos

LEEMOS A RAQUEL LANSEROS

zambulles tus dedos es sus páginas
te digo *para*
lees un poema en voz alta
luego me toca a mí

planeamos un viaje a Cuba
bailamos en el salón
compartimos una infusión de jengibre
apoyas tu cabeza en mi pecho
luego la apoyo yo
dormimos desnudos

yo ya había dormido desnuda, amor
con otros hombres, amor

también leí libros a medias
planeé viajes a sitios donde nunca fuimos
ya estuve aquí antes
era todo distinto

tenía este mismo cuerpo que enferma al mirarlo
tenía los mismos libros
escuchaba la misma música
nunca antes quise viajar a Cuba

pero sí que escribía poemas
a los hombres que amaba

No me duele, pero me toco sabiendo dónde era

Tal vez sea buena idea cortarme el cabello

¿Quién me protegerá la espalda?

¿Estás dispuesto? Tú.

ESCRIBES CÓMO DESEO LEER

Me habría gustado no tener nada
que hacer salvo esperarle.
ANNIE ERNAUX

como poeta que espera a la amada
y mis ojos se llenan de agua

escribes como los poetas antiguos
cuando todo es nuevo cada vez que te veo

no me entretengo en pensar
la calidad o la caligrafía
ni si quiera la puntuación
me concreto en lo acuoso del cuerpo

escribes llamando al agua de mi cuerpo
de la misma manera en la que amas

mis ojos mi vulva mi centro
se vuelven cascada manantial orilla
son capaces de pedir deseos pequeños

que suene esa canción,
que amanezca a una hora templada,
una luz adecuada, el calor

escribes haciéndome agua
recordándome los porcentajes que llevo dentro

la revelación podría ser

meterme en tu cuerpo

observar

ver qué es lo siguiente que escribes

La fascinación es tal que no podría fijarme en otro
hombre

Mientras me enamoraba no dudé

Nunca me planteé otra opción que no fuera la locura

Cada vez que me miras,
se construye la escalera.

I. La gente enamorada piensa que nunca nadie antes sintió ese amor. Se equivocan. Lo sentimos nosotros.
II. Ahora entrarás por la puerta y tendré que dejar de escribir.
III. Mentimos cuando se trata de amar. Mentimos constantemente.
IV. Nunca hay que dar por hecho lo que se ama. No eras tú quien salía del ascensor.
V. Si yo te amo más que el resto, ¿en qué lugar deja a eso la vida?
VI. No tengo miedo a desenamorarme de ti.
VII. El amor no reside en el lenguaje.
VIII. Hago pociones para que vengas a buscarme.
IX. El amor es un centro de velas en la mesa del salón.
X. El error está en intentar buscar las palabras.
XI. Si lo nuestro es más real que lo del resto, ¿en qué lugar quedan los enamoramientos de mis amigas?
XII. ¿Cómo puedo estar segura de que sientes lo mismo que yo? ¿acaso estás dentro de mi cuerpo?
XIII. No puedo entrar dentro de ti.
XIV. Aún no sé cómo suena tu cuerpo fuera de esta casa.
XV. Al amor hay que tenerlo a la vista.
XVI. Un cuerpo sabe que está a salvo cuando se ama.

XVII. ¿Algún día sabré cómo suenan tus llaves antes
de abrir la puerta o nunca dejaré de sorprenderme?

XVIII. Me sorprendo. Elijo cada día este amor.

XIX. Se apaga la vela.

XX. Llegas.

DESDE PRIMERA HORA DEL DÍA

me despiertas besándome el cuerpo
flequillo despeinado
sabor a café
a nuevo

traes la piel blandita
la boca húmida
me agarro a ti como a la vida

todo parece recién hecho
tan tierno
nos deshacemos algunas mañanas
—hoy no da tiempo—

me siento afortunada de despertar así
tan amada bendecida
tan deseo despertar y verte

cuando te marchas
escribo

lloré al encontrar la nota en la cocina

todo el amor de esta casa se hace desde primera hora del
día

despierta, amor
no deben de ser las nueve

AL FIN SÉ ESCRIBIR DE ESTE AMOR

una embestida de una ola
volteretas agua en la nariz desorientada
sin miedo al ahogamiento
risa aguda de niña en orilla de Cádiz

cada plano de esta peli es mejor que el anterior
en todos salgo mirándote a ti

estás en el coche cantándome esa canción
amarte no parece una opción   te miro

confío

CUANDO SEAMOS VIEJITOS

te dejaría aquí en el sofá de nuestra primera casa
sin ser nuestro el sofá
ni la casa

te dejaría en la cama de tu tercer cuarto
cantándome las canciones de cuando éramos adolescentes

enamoradizo ojos rojitos

te dejaría en un lugar donde siempre hay vino blanco
componemos canciones a medias
oteamos al otro cuando escribe

ojitos de brillo cuerpo pequeño

te dejaría tan solo para mirarte
y que en tu quinto cuarto
nuestro segundo sofá
primera casa

nos sigamos besando guarro
sin tener entonces veinte años

REVELACIONES

Lo que escribo continúa y estoy hechizada.

Clarice Lispector

borracha al sol
la casa es hogar de vacaciones
cervezas patatas fritas manga corta
amor encima de la mesa del desayuno
cuadros de amantes
casita escondida en el bosque
libros de verano
toboganes acuáticos
helados de palo

amarte es la infancia que me gusta recordar
la adultez que amo

tienes la virtud de a tu llegada
hacer de la casa el hogar de las revelaciones

A la memoria y amor de Toñi, mi mamá.
Por toda esta luz y las revelaciones.
Sin tu cuerpo, mi deseo no existiría.

ÍNDICE

MAGIA POTAGIA

SER MIRADA

GUARRERÍAS

LO COTIDIANO

Esta primera edición de *Revelaciones*
se acabó de imprimir en Madrid el
6 de octubre de 2025, 48 años
después de que el Premio Nobel
reconociera al poeta
Vicente Aleixandre.